†

A LA MÉMOIRE

DE

Mme MARIE-ALEXANDRINE

DE ROBETHON, COMTESSE D'ARMAILLÉ,

Décédée, dans sa 82e année,

AU CHATEAU DE LA MENANTIÈRE, LE 15 SEPTEMBRE 1864.

DE

M. JOSEPH-CHARLES-RENÉ

DE LA FOREST, VICOMTE D'ARMAILLÉ,

Décédé, dans sa 50e année,

AU CHATEAU DE LA MENANTIÈRE, LE 29 JUIN 1872.

ET DE

M. JEAN-JOSEPH

DE LA FOREST, COMTE D'ARMAILLÉ,

Décédé, dans sa 90e année,

AU CHATEAU DE LA MENANTIÈRE, LE 13 MARS 1873.

A LA FAMILLE D'ARMAILLÉ.

Les humbles pages, que j'abandonne aujourd'hui à une demi-publicité, ne devaient pas sortir des archives de la Menantière.

Il ne m'est plus possible de résister aux persévérantes sollicitations qui m'honorent sans doute, mais que l'affection seule peut expliquer. Du reste, si ternes que soient ces paroles, maintenant que l'émotion de la voix ne peut plus leur donner le cachet de l'inspiration du cœur, j'ose espérer qu'elles rediront à Mme la vicomtesse Joseph d'Armaillé, à Mme la marquise de Turpin d'Armaillé, à Mlle Camille d'Armaillé et à toute la famille de nos chers défunts, le profond respect que je garde à la mémoire de Mme la comtesse de Robethon d'Armaillé et ma cordiale et sincère estime pour M. le vicomte Joseph d'Armaillé.

C'est surtout aux jeunes enfants de notre bien-aimé Joseph, à Mlle Marie, à MM. Hervé et René, que je dédie l'allocution du 10 juillet 1872. Puissent ces chers enfants apprécier chaque jour davantage les précieuses qualités de leur bon père, s'encourager à les reproduire dans leur vie, et se faire un devoir et un honneur de remplacer dignement, à la Menantière et dans la contrée qui les a vus naître, celui dont nous regretterons longtemps en Anjou la si douce et si heureuse influence !

P.-Xav. POUPLARD, s. J.

Versailles, 29 juin 1873, anniversaire de la mort de M. le vicomte Joseph d'Armaillé.

ALLOCUTION

PRONONCÉE

le 27 septembre 1864, dans l'église paroissiale de Saint-Pierre-Montlimart,

AU SERVICE

DE MADAME LA COMTESSE D'ARMAILLÉ,

PAR LE RÉVÉREND PÈRE P.-XAV. POUPLARD,

de la Compagnie de Jésus.

Mulier timens Dominum ipsa laudabitur.
La femme craignant Dieu sera glorifiée.

(Prov., xxxi., 30.)

Mes Frères,

L'Esprit-Saint faisant lui-même, par la voix du Sage qu'il inspire, le portrait de la femme parfaite, et terminant l'énumération des belles qualités qui distinguent cette femme et la rendent digne des éloges de son époux et de l'admiration de ses enfants, résume tout son panégyrique dans ces paroles de mon texte : La femme craignant Dieu sera glorifiée : *Mulier timens Dominum ipsa laudabitur.* Douce, active, laborieuse, revêtue de force et de dignité, ouvrant sa main au pauvre, ayant toujours sur les lèvres des paroles de clémence, dédaignant les vaines et trompeuses fascinations de la beauté et les charmes éphémères de la nature, cette femme qui n'a d'autre mobile que la crainte du Seigneur, achèvera sa vie en souriant à la mort; et après son dernier soupir on s'empressera de rendre à ses œuvres un juste tribut de louange et d'honneur : *Mulier timens Dominum ipsa laudabitur ;*

date ei de fructu manuum suarum, et laudent eam in portis opera ejus... (*Prov.*, *ibid.*).

Vous m'avez compris, Mes Frères, et votre pensée se reporte tout naturellement, en entendant ces paroles de la sainte Écriture, vers la pieuse et noble dame qui a si bien réalisé pendant sa longue carrière tout ce que l'Esprit-Saint a dit de la femme parfaite : sans peine et sans effort, vos cœurs s'unissent à ma voix pour appliquer à Mme la comtesse d'Armaillé l'éloge consacré par l'Église à la mémoire de toutes les saintes femmes : *Mulier timens Dominum ipsa laudabitur...*

La Providence a voulu que l'amitié m'offrît la touchante et douloureuse occasion de déposer, en passant, sur la tombe à peine fermée de Mme la comtesse, une parole de religieuse et sympathique douleur, une parole aussi de juste et légitime vénération! Pouvais-je m'y refuser, quand le Seigneur me dit : Ne tarde pas à consoler ceux qui pleurent, et marche avec ceux qui sont dans le deuil : « *Non desis plorantibus inconsolatione, et cum lugentibus ambula?* (*Eccli.*, VII, 38.) Inutile maintenant d'ajouter que je réponds à une invitation qui date à peine de vingt-quatre heures !... Vous m'excuserez donc, Mes Frères, si je ne peux, autant qu'il conviendrait, m'étendre sur la belle, longue et sainte existence de notre illustre défunte, femme vraiment forte et parfaite, l'honneur de son sexe, la joie de sa maison et la gloire de la contrée, par ses vertus d'épouse et de mère, et par sa religieuse influence en dehors même de sa noble famille et de cette excellente paroisse.

J'ose du moins espérer que ma parole consolera de trop légitimes douleurs en ce deuil devenu le deuil commun de la contrée; et cette parole, j'en ai la douce confiance, sera aussi pour tous une leçon et un salutaire encouragement. Nous allons donc, en méditant quelques instants les trois mots de mon texte *Timens Dominum laudabitur*, résumer la vie de Mme Marie-Alexandrine Robethon, comtesse d'Armaillé : ce sera prouver qu'elle est digne d'éloge, ce sera proposer un beau modèle à l'imitation de tous : et de mon côté, j'aurai satisfait aux devoirs que l'affection et l'apostolat m'imposent....

I.

Que la crainte du Seigneur soit la source de la sainteté, qu'elle soit le principe et la cause de la véritable gloire; il suffit, devant des chrétiens comme vous, d'énoncer cette maxime pour la comprendre, et l'on peut dire que cette vérité, proclamée au fond de toutes les consciences humaines, est formulée presqu'à toutes les pages de l'enseignement catholique.

La crainte du Seigneur est le commencement,

est la racine de la sagesse ! *Initium sapientiæ timor Domini* (*Ps.* CX, 10.), *radix sapientiæ timor Domini.* (*Eccli.*, I, 25.) La crainte du Seigneur est aussi le faîte et le couronnement de la sagesse : « *Corona sapientiæ timor Domini.* (*Eccli.* I, 22.) » Que cette crainte soit servile, qu'elle nous fasse trembler devant les jugements et les menaces du Seigneur ; qu'elle nous montre l'enfer s'entr'ouvrant sous les pieds du pécheur, le Ciel se fermant sur la tête de celui qui méprise la loi divine : cette crainte est précieuse et désirable, elle était l'objet des vœux du saint roi David : *Confige timore tuo carnes meas.* (*Ps.* CXVIII, 12.)

Que cette crainte soit filiale, affectueuse, elle est plus désirable encore. David l'exaltait, et le pieux et sage auteur de l'*Ecclésiastique* l'a chantée comme le Roi-Prophète : *Corona sapientiæ, timor Domini, replens pacem et salutis fructum.* (*Eccli.* I, 22.) C'est elle surtout qui met le comble à la paix du cœur, qui fait surabonder la joie, et multiplie en nous les fruits de perfection et de salut... Cette crainte enfin est si digne de tous nos efforts et de nos recherches assidues que sans elle l'homme n'est rien, et que c'est elle qui fait tout l'homme : *Deum time, mandata ejus observa, hoc est enim omnis homo.* (*Eccl.*, XII.) — *Ergo absque hoc, non est omnis homo.* (*Bern.*)

Donc, Mes Frères, la grande préoccupation de

toute créature humaine, qui veut être vraiment sage, parfaite et sainte, et qui, par conséquent, veut atteindre le glorieux terme de la béatitude, doit être de craindre ici-bas le Seigneur; mais craindre véritablement le Seigneur, qu'est-ce autre chose sinon observer ses lois? *Deum time, mandata ejus observa.* — *Beatus vir qui timet Dominum, in mandatis ejus volet nimis.* (*Ps.* CXI.)

Or, l'accomplissement du devoir, les catholiques le savent, c'est notre gloire, c'est notre honneur sur la terre; c'est aussi le gage du salut, c'est la clef du Ciel, c'est la béatitude éternelle.... Comprenez-vous pourquoi l'Esprit-Saint nous dit: qu'en dehors de la crainte du Seigneur, tout est vanité, rien que vanité; tandis que l'homme qui craint Dieu, tandis que la femme pénétrée de la même crainte, sont heureux et dignes de louanges et de gloire? *Beatus vir qui timet Dominum.... Vir fidelis multùm laudabitur...* (*Prov.*, XXVIII, 20.) *Mulier timens Dominum ipsa laudabitur.*

II.

Sous l'empire de cette crainte salutaire, Mme la comtesse d'Armaillé a-t-elle accompli les lois du Seigneur, a-t-elle été la femme du devoir? Avoir connu cette noble dame, c'est avoir connu la femme forte, célébrée par le Sage! *Mulierem fortem quis inveniet?*

Ecoutez, Mes Frères, ce que le Prophète contemple, admire et propose à notre admiration : *In tribus placitum est spiritui meo, quæ sunt probata coram Deo et hominibus : concordia fratrum, et amor proximorum, et vir et mulier bene sibi consentientes.* (*Eccli.*, XXV, 1, 2.) Mon esprit s'est reposé avec complaisance en considérant trois choses que Dieu et les hommes approuvent : la concorde des res, l'amour du prochain, l'époux et l'épouse vivant ensemble en parfait accord.

Eh bien! disons-le hautement, voilà l'éloge de notre pieuse défunte tracé en trois paroles par l'esprit de vérité; il nous la montre docile aux divines volontés, accomplissant en perfection les trois grandes obligations ou fonctions de sa vie chrétienne : il nous dévoile les secrets de sa vie intérieure, son admirable et douce union avec son noble époux, sa tendresse maternelle pour ses enfants, sa délicate et généreuse charité envers tous...

Oui, Mes Frères, c'est bien de Mme la comtesse d'Armaillé qu'il convient de dire : Elle avait la confiance entière, le cœur de son mari : *Confidit in ea cor viri sui.* Elle prenait soin de ses serviteurs et de ses servantes : *Dedit prædam domesticis suis et cibaria ancillis suis.* Et ses enfants la respectaient et l'aimaient comme la plus parfaite des mères : *Surrexerunt filii ejus et beatissimam prædicaverunt.* (*Prov.*, XXXI.)

Oui, Mme d'Armaillé était cette femme bonne par excellence, *mulier bona* que chantent nos saintes Écritures, et que nos ancêtres estimaient et recherchaient par dessus tout, lorsqu'il était question de cette alliance sacrée qui doit confondre deux cœurs, deux vies en un seul cœur, en une seule vie ! ! Partage glorieux : *Pars bona!* C'étaient les vertus, solides richesses des âmes, que nos aïeux réclamaient avant tout, à l'heure de ces solennels contrats... ils savaient bien que posséder le cœur d'une épouse chaste et fidèle est le plus précieux des trésors : *Pars bona, mulier bona, in parte timentium Deum dabitur viro pro factis bonis.* (*Eccli.*, XXVI, 7.) M. le comte d'Armaillé, grâce à ses propres mérites, *pro factis bonis*, eut en partage cet inestimable trésor. Aussi pendant plus d'un demi-siècle, quelle union, quelle paix à la Menantière, quelle communauté de pensées, d'affections, de souffrances et de joies !.. *Vir et mulier bene sibi consentientes.*

Grâce au Ciel, cette union admirable, Mes Frères, se retrouve encore au sein de quelques familles ; nous savons qu'il y a encore des mariages heureux parce que la crainte du Seigneur les a formés et que la vertu préside au foyer domestique.

Mais hélas ! il faut en convenir, et qui ne le sait comme nous? à côté de ces rares familles sanctifiées par la crainte de Dieu, combien de maisons troublées et bouleversées ! Combien d'alliances rompues ! Combien d'alliances maudites !! Pourquoi? Parce que l'égoïsme qui perd les nations a déjà, depuis longtemps, commencé ses ravages sous le toit domestique ; l'égoïsme a pris la place de la crainte du Seigneur ! et cette divine crainte étant bannie, la vertu n'y exerce plus son doux empire ; et, dès lors, n'y sont plus connus ni la paix ni le bonheur...

Douce, affable, prévenante et gracieuse envers son noble époux, Mme d'Armaillé n'était point austère ni difficile pour les domestiques qui l'approchaient et la servaient. Elle était leur mère plutôt que leur maîtresse, et sa douceur faisait toute la force comme le charme de son commandement.

Tout le monde sait d'ailleurs avec quelle dignité Madame recevait en son château, mais en même temps avec quelle noble simplicité et quel affectueux abandon. Toujours aimable, toujours s'oubliant elle-même, elle faisait les honneurs de sa maison avec une grâce charmante ; et, ce que nous devons surtout faire observer, elle était pleine d'attention pour ne blesser qui que ce soit...

Toujours d'une réserve infinie dans ses paroles

lorsqu'il était question de la réputation d'autrui, elle évitait de jeter le blâme sur les absents, dissimulait les fautes ou s'efforçait de les excuser, et savait trouver, avec un aimable à-propos, la phrase ingénieuse et de circonstance que la charité inspire aux cœurs cléments : *Os suum aperuit sapientiæ, et lex clementiæ in lingua ejus.* (*Prov.* XXXI.) Et si les serviteurs, si les servantes ont pu admirer cent fois la délicatesse des procédés de Mme la comtesse, s'ils ont toujours eu à se féliciter de la douceur avec laquelle elle faisait ses observations, donnait ses ordres, et, au besoin, adressait un reproche, les amis de la famille et les nobles hôtes de la Menantière se plaisaient à reconnaître en la vénérable châtelaine je ne sais quelle supériorité, fruit de la vertu plus encore que de la noblesse de sa race : *Multæ filiæ congvegaverunt divitias; tu supergressa es universas.* (*Prov.*, XXXI.)

Dirais-je que, sans s'abaisser, elle savait pourvoir à tous les détails du ménage? Je le sais, à notre époque, la plupart des épouses et des mères aiment à se décharger de ces mille soins d'intérieur... Il faut des bagatelles à ces femmes légères et mondaines : la monotonie du devoir doit faire place pour elles à la dissipation, pour ne pas dire aux vains caprices, à de dangereuses futilités, avant-coureurs du désordre...

Telle n'était pas Mme d'Armaillé; formée à l'école de l'Esprit-Saint, elle était attentive à tout dans sa maison, *Consideravit semitas domus suæ*; et même pendant ses longues années de maladie, elle ne voulut connaître les distractions du désœuvrement : *Panem otiosa non comedit.* (*Prov.*, XXXI.) Du reste, les soins de la maison n'absorbaient pas tellement Mme la comtesse, qu'elle n'eût des loisirs pour s'occuper encore de bonnes œuvres en dehors du château et dans la paroisse.... Ici, la réserve m'est imposée, Mes Frères, car en parlant de la charité de la vénérée défunte, il faudrait aussi raconter les aumônes de M. le comte d'Armaillé... A vous, familles nécessiteuses de Saint-Pierre-Montlimart, à vous, indigents des campagnes voisines, de raconter les largesses de celle qui n'est plus, et celles de son noble époux! *Date ei de fructu manuum suarum!... Manum suam aperuit inopi et palmas suas extendit ad pauperem!!* (*P.*, XXXI.)

Je devrais maintenant rappeler la sollicitude maternelle et la pieuse tendresse de Madame pour ses bien-aimés enfants et petits-enfants : mais ici encore, je dois respecter une douleur à peine comprimée... En toute autre circonstance de temps et de lieux, ces enfants se lèveraient pour nous dire que leur mère était la plus tendre et la plus affectueuse des mères en même temps que la plus vertueuse des femmes : *Surrexerunt filii ejus et beatissimam prædicaverunt.* Ils vous diraient qu'elle a su élever leurs âmes en même temps que fortifier leurs corps; et qu'arrivée au déclin de la vie, accablée par les infirmités, sa voix comme son cœur, débordait de tendresse, de foi et de résignation; et que, même en ses derniers jours, elle fut l'ornement et les délices de sa famille, comme le soleil, à son lever, est la gloire et la beauté de la terre et des cieux : *Sicut sol oriens mundo in altissimis Dei, sic mulieris bonæ species in ornamentum domus ejus.* (*Eccli.*, XXVI, 21.)

Or, quel était le mobile de cette sagesse, le principe de cette perfection? Nous l'avons dit et répété, et il faut le redire encore, c'était la sainte crainte de Dieu!... *Radix sapientiæ timor Domini!* Mme la comtesse ne perdait jamais de vue les vérités éternelles; son âme planant au-dessus de la terre aimait à contempler le Ciel, véritable patrie des élus! Elle voyait le souverain Maître qui commande, le juge qui punit et qui récompense selon nos œuvres; et docile aux lois du Seigneur, elle trouvait dans cette filiale soumission le secret de la vraie grandeur et de la véritable gloire devant Dieu et devant les hommes, et dans sa vie et dans sa mort : *Mulier timens Dominum ipsa laudabitur.*

III.

Cependant, Mme d'Armaillé était arrivée à cet âge dont le Roi-Prophète nous parle comme d'un âge où abondent les infirmités et les douleurs : *Si autem in potentatibus, octoginta anni; et amplius eorum, labor et dolor.* (*Ps.* LXXXIX, 10.) Depuis douze ans surtout, la main du Seigneur s'était appesantie sur cette douce victime, victime d'autant plus agréable et plus précieuse qu'elle était plus résignée et plus amoureusement patiente! Presque toujours forcée de garder le lit, elle vivait dans une abstinence si complète qu'elle ne semblait prendre de nourriture que pour prolonger son agonie; ou plutôt sa vie tenait du miracle! Eh! pourquoi ne reconnaîtrions-nous pas une sorte de merveille dans cette existence ainsi soutenue et prolongée?. L'aumône et la prière ont tant de fois enfanté des prodiges!...

Or, nous savons quelques-unes de ces touchantes libéralités inspirées par l'affection et la confiance au cœur de M. le comte... Elles étaient si spontanées et si généreuses ces aumônes qu'elles pouvaient bien faire descendre du Ciel des grâces exceptionnelles de santé et de vie!.. Bon et fidèle serviteur, qui m'avez révélé ces traits admirables qui rehaussent la vertu de la pieuse défunte et de l'époux survivant, avec quelle touchante édification receviez-vous *ces charités*, et les portiez-vous aux nécessiteux de la paroisse?.... Mais quelle merveilleuse puissance devaient avoir sur le cœur de Dieu les prières ardentes de ce vénérable vieillard? (Je ne puis résister, Mes Frères, au besoin de vous faire connaître ces détails qui nous rappellent les âges héroïques de la foi; vous seuls d'ailleurs pouvez m'entendre [1].. Quelle puissance, dis-je, avaient les prières de ce vénérable vieillard, lorsque dans les crises plus terribles qui semblaient devoir emporter la malade, M. le comte courait, non égaré par la douleur, mais emporté et soutenu par la foi, se prosterner devant la croix du carrefour solitaire, et pressant entre ses bras cette croix, unique espérance des Chrétiens, demandait avec larmes au sauveur Jésus la conservation d'une vie qu'il estimait plus que la sienne? Spectacle aussi attendrissant que sublime! mais aussi consolante leçon, qui doit nous apprendre la puissance la prière humble et confiante déposée dans les plaies de Jésus crucifié.

Toutefois, après tant de crises auxquelles Mme la comtesse avait résisté comme par miracle, l'heure

[1] Allussion à la surdité de M. le comte d'Armaillé.

était venue où le Seigneur allait appeler à la récompense cette belle âme sanctifiée, perfectionnée par la douleur et la patience : *Patientia opus perfectum habet!* (*Jac.*, I, 4.)

Etendue sur son lit de souffrance, la noble dame s'occupait encore, même dans ses derniers jours, des affaires de la maison ; et l'on peut dire en toute vérité, qu'elle tenait d'une main les registres du ménage, et de l'autre, son livre d'heures et de prières... Ame virile dans un corps défaillant, elle veillait à tout, même en face de la mort : *Non extinguetur in nocte lucerna ejus.* (*Prov.*, XXXI.) Mais elle veillait surtout à ses intérêts éternels, et pour cela elle multipliait ses charités envers les pauvres et réclamait toutes les consolations et tous les secours de notre sainte religion. Voyant qu'on ne se hâtait pas de lui administrer les derniers sacrements, elle les demanda elle-même à plusieurs reprises. « *On s'abuse*, disait-elle, *on s'abuse sur « mon état. De grâce ne me laissez pas mourir sans « sacrements! je ne veux pas quitter la terre sans être « munie de tous les secours que l'Eglise donne à ses « enfants!* » Heureusement Mme la comtesse avait des enfants dignes d'elle ; ils surent ménager à leur mère les suprêmes consolations que réclamait sa foi ; elle reçut donc ces précieux secours en pleine connaissance et avec les sentiments de la plus touchante piété ; et, à partir de ce moment solennel, le pasteur[1] de la paroisse ne quitta plus la chambre de la malade qu'à de très-rares et très-courts intervalles. La pieuse dame avait demandé avec insistance cet acte de charité sacerdotale ; ce serait pour elle un gage de sécurité et de triomphe dans les dernières luttes ; le prêtre l'aiderait à sourire à la mort : *Fortitudo et decor indumentum ejus, et ridebit in die novissimo.* (*Prov.* XXXI.)

.... Mais qu'est-ce donc? tout à coup la pauvre agonisante détourne la tête et dérobe son visage ! Ses enfants éplorés sont dans cette chambre où dans quelques heures le vide sera fait !..... — « Qu'avez-vous, Madame, lui demanda le prêtre qui l'assistait et qui devait recevoir son dernier soupir ; éprouveriez-vous quelque peine? — *Ah! mon Père,* répond la mourante, *je veux aimer Dieu et n'aimer que lui et tout en lui !..... Je lève mes yeux vers le Ciel, je les détache de la terre, et surtout j'évite de rencontrer les regards de ces chers enfants!.. car en les voyant, ces enfants chéris, il me semble que mon cœur se rattache à la terre; et je crains que mon amour pour le bon Dieu n'en soit un peu altéré !....*

O femme admirable ! O femme vraiment chrétienne ! oui, après une telle parole qui, à elle seule

[1] M. Letourneux. Quelques années après la mort de Madame d'Armaillé, M. Letourneux, forcé par la maladie, se retira à Angers, et mourut le 4 octobre 1872.

fait votre éloge et vous range parmi les saints, oui, votre âme peut briser les liens qui la rattachent à cette terre d'exil, le moment est venu, vous pouvez sourire à la mort!... Partez-donc, âme chrétienne, partez de ce monde, et entrez dans le lieu de la paix et du bonheur! Que la sainte Sion, que le Ciel soit désormais votre demeure!... *Proficiscere, anima christiana, de hoc mundo.. sit in pace locus tuus, et habitatio tua in sancta Sion* (*Commend. animæ.*)

.... Et nous tous, Mes Frères, entourant cette couche funèbre où ne reste plus qu'un corps inanimé, mais regardant la Jérusalem céleste vers laquelle s'envole l'âme de celle que nous pleurons, répétons ce vœu que doit nous inspirer le spectacle d'une si belle mort : *Moriatur anima mea morte justorum !* (*Num.*, XXIII, 10.) O mon Dieu, accordez-nous de mourir de cette mort des saints!

Mais pour que notre mort soit sainte comme celle que nous venons d'admirer, n'oubliez pas qu'il nous faut mériter cette grâce par une vie chrétienne et sainte.... La mort est l'écho de la vie ; et Mme d'Armaillé n'est louée dans sa mort que parce qu'elle a été louable dans sa vie : *Mulier timens Dominum ipsa laudabitur...*

Que cette pensée, nobles et chers habitants de la Menantière, oui, que cette pensée vous console et vous encourage au milieu de vos justes douleurs! levez les yeux au Ciel, et voyez-y dans la joie du Seigneur, l'épouse fidèle, la mère tendrement dévouée, l'honneur et la gloire de votre maison.... Et vous, bons et loyaux serviteurs, braves et généreux fermiers qui avez perdu votre généreuse maîtresse, consolez votre douleur en pensant que Madame était digne d'entrer dans le séjour de la gloire et qu'elle laisse après elle un époux et des enfants craignant le Seigneur : *Potens in terra erit semen ejus, generatio rectorum benedicetur.* (*Ps.* CXI, 2.)

Pour vous, Messieurs [1], nobles amis de notre pieuse défunte, vous qui, par votre nom et par votre position, êtes placés à la tête de nos populations et avez mission de soutenir les grands principes d'honneur et de foi dans ces chères contrées, comme vos illustres ancêtres et nos braves Vendéens surent les défendre au prix de leur sang, souvenez-vous plus que jamais que *noblesse oblige*, et sachez garder à la face de la France et du monde le plus beau titre à la gloire véritable, la sainte crainte de Dieu; demeurez toujours fermes dans vos convictions, et traduisez votre foi par vos œuvres. Soyez toujours fiers de seconder l'excellent clergé de nos paroisses dans sa laborieuse

[1] L'élite de la noblesse de l'Anjou et de la Vendée assistait au service de Madame d'Armaillé.

et sainte vocation; par vos paroles, par vos exemples surtout, faites respecter, aimer et pratiquer les lois du Seigneur et de la sainte Église; et entretenez en vous-mêmes et dans les autres le feu sacré des vrais dévouements que la religion seule inspire! En quel temps fut-il plus nécessaire de prouver que le premier des devoirs et la plus glorieuse des craintes est d'obéir à Dieu et de le craindre? *Initium sapientiæ..., corona sapientiæ timor Domini...*

Il ne me reste plus qu'à me prosterner avec vous, Mes Frères, au pied du saint autel, à joindre mes supplications aux vôtres pendant l'auguste sacrifice, afin d'obtenir que le sang adorable de la divine Victime retombe en rosée bienfaisante et libératrice au séjour des expiations!...

J'ai confiance sans doute en la plénitude du pardon accordé à la chère âme pour laquelle nous prions!... Mme la comtesse d'Armaillé a si généreusement aimé et servi le Seigneur pendant quatre-vingt-deux ans!... Prions cependant, Mes Frères, prions encore!! Oui, que le doux et miséricordieux Jésus entende la voix de nos larmes et de nos supplications! Qu'il daigne consoler ceux que la mort laisse ici-bas dans le deuil, et qu'il béatifie au séjour de l'éternel repos celle qui l'a si fidèlement servi pendant sa longue carrière et jusqu'à son dernier jour! *Pie JESU, dona ei requiem sempiternam! Amen!*

ALLOCUTION

PRONONCÉE

le 10 juillet 1872, dans l'église paroissiale de Saint-Pierre Montlimart,

AU SERVICE

DE M. LE VICOMTE JOSEPH D'ARMAILLÉ,

PAR LE RÉVÉREND PÈRE P.-XAV. POUPLARD,

de la Compagnie de Jésus.

Placebo Domino in regione vivorum.

Désormais je serai agréable au Seigneur dans la terre des vivants.

(Ps. cxiv, 9.)

Ces paroles, Mes Frères, sont les premières que l'Église en deuil fait entendre près de la dépouille mortelle de ses enfants. Cri d'espérance et consolante prière ici-bas, elles sont aussi l'expression de la joie d'une âme arrachée aux épreuves de l'exil et entrant au séjour de l'éternelle patrie, la vraie terre des vivants : *Placebo Domino in regione vivorum.*

Oui, cette parole que les Saints chantent et chanteront perpétuellement dans les joies et les gloires de la patrie, je crois l'entendre s'exhaler du cœur de celui que nous pleurons. Du haut des Cieux il l'envoie à la terre pour consoler notre deuil, pour soulager d'immenses douleurs, et pour m'aider moi-même à remplir une tâche improvisée, mais commandée par une affection qui m'honore autant qu'elle me confond...

Il y a huit ans, les nobles habitants de la Menantière me conjuraient, par la voix du vénérable pasteur de la paroisse, d'adresser, du haut de cette chaire, quelques mots de consolation au sympathique et nombreux auditoire réuni près de la tombe d'une épouse, d'une mère bien-aimée... Pouvais-je penser qu'aujourd'hui, ma religieuse et vieille amitié serait sollicitée encore, et qu'il me faudrait remplir le même ministère devant un auditoire non moins sympathique, en face du tombeau, à peine fermé, de ce cher défunt, sitôt ravi à notre estime et à notre amour ?...

Ah ! je le sais, Mes Frères, et la Sainte Écriture me l'enseigne, la bénédiction de Dieu se hâte quelquefois de récompenser le juste, et fait en quelques heures fructifier abondamment ses vertus : *Benedictio Dei in mercedem justi festinat, et in hora veloci processus illius fructificat.* (*Eccli*, XI, 24.) Que cette pensée nous soutienne et nous console, et gardons-nous de nous attrister comme ceux qui n'ont pas d'espérance : *Nolumus vos ignorare, fratres, de dormientibus, ut non contristemini, sicut et cœteri qui spem non habent.* (II *Thess.*, IV, 12.) Essuyons donc nos larmes, élevons nos regards vers les Cieux ; et contemplant, au séjour des vivants, M. Joseph-Charles-René de la Forest, vicomte d'Armaillé, entendons ce bien-aimé défunt nous appeler à sa suite et nous dire : *Placebo Domino in regione vivorum.* Désormais, je suis avec le Seigneur, et je serai éternellement heureux près de cette source éternelle de l'éternelle vie : *in regione vivorum.*

L'histoire ecclésiastique raconte que saint Frédéric, martyr d'Utrech, couvert de blessures, baigné dans son sang et n'ayant plus qu'un souffle de vie, se traîna lui-même jusqu'à son tombeau ; et, en y entrant, se mit à entonner le chant sacré de l'office des morts : *Placebo Domino in regione vivorum.* Ne pouvons-nous pas dire que M. Joseph d'Armaillé, après huit mois de souffrances qu'on peut comparer à un sanglant martyre, s'est écrié en quittant cette chair fragile, prison de son âme : Enfin, Seigneur, je suis pour toujours en votre présence, et je vous plairai éternellement dans le séjour des vivants : *Placebo Domino in regione vivorum !*

Encore une fois que cette pensée nous console dans notre commune douleur, et qu'en même temps elle nous encourage, en nous rappelant qu'après les luttes, les agonies de la terre, nous pourrons goûter les délices du repos, les joies éternelles de l'éternelle vie...

M. Joseph d'Armaillé a-t-il connu et pratiqué ce secret qui conduit à l'heureux terme de la vie, à la possession même de Dieu ? Oui, je l'affirme, et j'ose dire, Mes Frères, que ce bien-aimé défunt, qui a gagné le cœur des hommes, avait charmé le cœur de Dieu : *Placens Deo factus est dilectus.* (*Sap.*, IV., 10.)

Un regard jeté rapidement sur quelques époques de sa trop courte vie nous en convaincra, et, je veux bien le croire, sera pour nous une consolation en même temps qu'un puissant exemple.

I.

M. Joseph d'Armaillé a été le *vir bonus* l'homme bon par excellence, et personne ici n'oserait me démentir, quand je me permets d'avancer que la bonté, la bénignité fut le caractère distinctif de sa vertu et de sa vie. Tel nous l'avons connu au sortir de l'enfance, aux jours de notre collége ; tel nous l'avons connu aux jours de la maturité, aux dernières heures de sa vie.

Voulez-vous que j'esquisse ses traits en quelques paroles ? Je n'ai qu'à lui appliquer l'éloge fait par la divine Sagesse : *Suavis, amans bonum, benefaciens, humanus, benignus.* Il fut doux, aimant et faisant le bien ; il fut plein d'égard et de bénignité envers tous. (*Sap.*, VII, 22.) *Operatus est bonum, et rectum et verum, coram Domino Deo suo.* (II. *Paral.*, XXXI, 20.) Bonté de cœur, rectitude de jugement, amour de la vérité selon Dieu ; voilà en trois mots consacrés par les saintes lettres le portrait de notre cher défunt. Oui, il aurait pu dire et nous le dirons pour lui : *Sortitus sum animam bonam.* (*Sap.*, VIII, 19.) *Spiritus bonus deducet me in terram rectam.* (*Ps.* CXLII, 10.) J'ai reçu une âme vraiment bonne ; l'esprit de bonté m'a conduit dans les sentiers de la droiture... Je faisais toute chose avec mansuétude, et par là je gagnais l'estime et l'amour des hommes : *Fili, in mansuetudine opera tua perfice, et super hominum gloriam diligeris.* (*Eccli.*, III, 19.) Non-seulement ma bonté plaisait au Seigneur et me le rendait propice, *qui bonus est hauriet gratiam a Domino* (*Prov.*, XII, 2.) ; mais elle multipliait le nombre de mes amis et faisait taire ceux qui pouvaient m'être opposés : *Verbum dulce multiplicat amicos, et mitigat inimicos* ; *lingua eucharis in bono homine abundat.* (*Eccli.*, VI, 5.) Qui oserait protester contre l'application que nous faisons de ces textes ?

Salomon voulant livrer au mépris des siècles l'homme que le Seigneur a en horreur, *quæ odit Dominus*, nous en fait le signalement de main de maître : un visage fier, des regards altiers, *oculos sublimes* ; une langue amie du mensonge, *linguam mendacem* ; des mains qui répandent le sang du juste, *manus effundentes innoxium sanguinem* ; un cœur formant de honteux projets, *cor machinans cogitationes pessimas* ; des pieds toujours prompts à courir au mal, *pedes veloces ad curren-*

dum in malum; une bouche toujours ouverte pour les faux témoignages, *proferentem mendacia testem fallacem;* et il termine en disant que le Seigneur déteste par-dessus tout, *detestatur*, celui qui sème la discorde entre les frères, *eum qui seminat inter fratres discordias.* (*Prov.*, VI, 17-19.)

Tels ont été en tous temps et en tous lieux les Caïn et les Absalon, frères jaloux et fils ingrats; les Hérode et les Néron, pères monstrueux et époux dénaturés; les Judas et les Julien, amis félons et traîtres, maîtres hypocrites et renégats...; hontes du genre humain, fléaux des familles, des cités et des nations !!...

Mais voulons-nous avoir l'image de celui qui mérite l'affection de Dieu et des hommes? Formons-nous trait pour trait un type tout opposé : un visage bon, un regard timide et doux, que la timidité même rend parfois trop modeste; une langue amie de la vérité, un cœur toujours préoccupé de pensées généreuses; des mains toujours ouvertes pour donner, des pieds toujours prêts à courir pour porter secours; une délicatesse de procédés allant jusqu'à justifier ou du moins excuser les torts des autres; par-dessus tout une force d'attraction gagnant tous les cœurs et faisant la joie et le bonheur du foyer domestique : Voilà l'homme que le Seigneur aime et bénit !

Ecce sic benedicetur homo qui timet Dominum. (*Ps.* CXXVII, 4.) Et qui de vous, Mes Frères, n'a reconnu celui que nous pleurons, celui que dans toute la contrée on ne savait guère appeler d'un autre nom que du nom *bonus homo*, « ce bon monsieur Joseph ? » *Suavis, amans bonum, benefaciens, humanus, benignus.*

II.

Cependant gardons-nous bien de croire que toutes ces qualités n'aient été que superficielles, vertus de commande, de tempérament, de race bien élevée !... sans doute, Mes Frères, même en ne les considérant que sous ces aspects d'ailleurs très-imparfaits, nous devrions encore les admirer et les aimer, tant de nos jours elles deviennent rares dans une société qu'on devra appeler la société du sans-gêne, si on ne l'appelle la société des sans-cœur !... Mais non, non ! La vertu chez M. le vicomte d'Armaillé ne fut ni une affaire de tempérament, ni une affaire de bon ton ; et Dieu n'est pas seul à savoir au prix de quels sacrifices et de quelles luttes notre bien-aimé défunt dût conquérir et conserver ces habitudes de vertu qui font le parfait honnête homme, le véritable chrétien !!

Qu'il suffise de rappeler que M. Joseph, avant son mariage, sut prouver, à Paris, ce qu'il voulait être : *Innocens manibus et mundo corde.* (*Ps.* XXIII, 4.) Après avoir suivi quelques jours les Exercices de saint Ignace, sous la direction d'un Père de la Compagnie de Jésus, il se déclara franchement chrétien, en face d'une jeunesse dorée qui connaît bien plus les faciles entraînements des passions que les glorieux combats d'une vie sans tache et sans reproche... De nobles survivants pourraient, au besoin, dépeindre une scène que je puis attester devant les saints autels...« *Non,* « *mes amis, non!... rien n'y fera, quoi que vous disiez,* « *quoi que vous fassiez !... j'ai mes convictions ; et* « *quoi qu'il m'en coûte, j'y serai fidèle !... Tenez,* « *je me suis confessé hier au Père X..., je vais retour-* « *ner aujourd'hui pour recevoir l'absolution, et j'au-* « *rai demain le bonheur de communier !* » L'action répondit à ce généreux langage ; et M. Joseph a toujours gardé pour ce directeur de son âme, aux jours de sa jeunesse, une affectueuse et filiale reconnaissance; j'en ai recueilli moi-même plus d'une fois de touchants témoignages....

Dirai-je maintenant que, devenu chef de famille, il n'a fait que grandir dans sa fidélité aux lois de notre sainte religion? Assistance aux offices de la paroisse, régularité dans la fréquentation des Sacrements, cordial respect envers le sacerdoce, réserve pleine de dignité et de prudence dans ses conversations, surveillance toute paternelle pour sauvegarder la vertu de ses jeunes fermiers, abstinence, jeûne selon les principes de l'Église : tous ceux qui l'ont connu de près peuvent dire si jamais il manqua, par sa faute, à un seul de ces préceptes, dont tant de chrétiens de nos jours tiennent si peu compte !!. Oui, *operatus est bonum et rectum et verum coram Domino Deo suo !*

On pourrait croire qu'avec un caractère d'une mansuétude en apparence trop facile, M. Joseph céda souvent devant les circonstances et pactisa avec certaines occasions... J'ignore, Mes Frères, ce que l'on pourrait articuler à cet égard ; mais je crois pouvoir affirmer que depuis le jour où il se vit homme, notre cher défunt n'eût jamais la faiblesse des compromis, ni la faiblesse plus indigne encore du respect humain. Et moi aussi, Messieurs, je l'ai entendu, il n'y a pas encore dix mois, lorsque je prêchais l'*adoration perpétuelle* en cette paroisse, je l'ai entendu me répéter ce qu'il a dit à plusieurs d'entre vous dans l'abandon de l'intimité : « *J'ai, mon cher Père, j'ai* « *la foi du charbonnier, et je m'en contente ; mais je* « *tiendrai ferme !!...* » Foi simple, foi candide, foi filiale ! mais, après tout, foi des vrais sages ! Jésus-Christ a parlé, son Église a parlé ; Pierre, Pie IX a parlé !.. *Amen ! Credo !* Je crois, ainsi soit-il !!

Eh ! je le demande, où donc est la vraie grandeur, si ce n'est dans cet assentiment de la raison s'inclinant avec la foi devant la souveraine autorité ? Arrière les faux-fuyants et les calculs de croyance inspirés par l'amour-propre ! Arrière les réserves intéressées qui retranchent du *Credo* catholique je ne sais quels articles repoussés par l'orgueil du parti pris !... Honneur au croyant qui embrasse sans sous-entendu la Foi de Rome : *Vobis honor credentibus !* (I. *Petr.*, II, 7.) Jésus-Christ tressaillait en son divin esprit, lorsqu'il contemplait cette foi des âmes droites et simples ; il en remerciait son Père, et il gémissait en pensant à ces ténèbres qui enveloppent comme un châtiment les prétendus sages, dont l'esprit orgueilleux renie nos dogmes catholiques : *In ipsâ horâ exultavit Spiritu Sancto, et dixit : Confiteor tibi, Pater, Domine cœli et terræ, quod abscondisti hæc a sapientibus; et revelasti ea parvulis. Etiam, Pater, quoniam sic placuit ante te.* (*Luc.*, x, 21.)

Ce n'est pas à moi, Mes Frères, de vous dire avec quelle noble fermeté M. Joseph soutenait aussi ses principes de bon citoyen. Là, sans doute, directement du moins, on ne peut absolument mettre la religion en jeu... Toutefois, je puis bien déclarer qu'en ce point notre cher défunt montra ce sens subtil, pénétrant, franc, inébranlable, dont parle la Sagesse : *Subtilis, acutus, certus, stabilis.* (*Sap.*, VII, 23.) Et je veux proclamer bien haut qu'il se montra digne de son grand-père tué sur le champ de bataille de Savenay, digne de sa grand'mère et de ses trois tantes jetées d'abord dans les prisons de Nantes, et peu de temps après englouties dans les flots de la Loire avec tant d'autres saintes et courageuses victimes ; digne de l'illustre général René d'Armaillé, son oncle, qui sut glorieusement combattre à Alger pour la France, sous le drapeau de son Roi, et dont la mémoire est encore en bénédiction ; digne enfin des vertus de feue Mme d'Armaillé, sa vénérable mère, et du bon et loyal comte d'Armaillé, son vénéré père !! Non, M. Joseph ne voulut point suivre d'autres exemples que ceux de ses ancêtres ; et semblable aux rares sujets de David, fidèles à ce roi abandonné, il put dire avec eux : *Omnia quæcumque præceperit Dominus noster rex, libenter exequemur servi tui;* et avec le brave Éthaï : *Vivit Dominus, et vivit Dominus meus Rex* ; *quoniam in quocumque loco fueris, Domine, mi Rex, sive in morte, sive in vitâ, ibi erit servus tuus !* (II. *Reg.*, XV, 15. 21.)... C'est-à-dire, Messieurs, *fidèle à Dieu, fidèle au Roi, comme Dieu et comme le Roi l'exigent, à la vie et à la mort !* Fier et généreux serment !.. En vérité, si nous n'avons pas, en cette chaire, d'avis ou de jugement à formuler à l'endroit des questions qui divisent tant d'esprits et paralysent tant de volontés, qu'ils nous soit du moins permis d'admirer et d'applaudir ce magnifique langage : Il est aussi français que catholique : *Deum timete*, *Regem honorificate*, *fraternitatem diligite.* C'est l'enseignement de la Papauté depuis dix-neuf siècles. (I. *Petr.*, II, 17.)

Du reste, Mes Frères, je tiens à le répéter, M. Joseph observant les lois de cette charité chrétienne qui ne se recherche pas, *non quærit quæ sua sunt* (I *Cor.*, XIII, 5.), fit toujours abnégation complète de lui-même ; peut-être même refusa-t-il quelquefois avec trop de désintéressement personnel de se mettre en avant, lorsque l'autorité de son nom et de sa vertu aurait pu faire prévaloir les bonnes causes ?... Faut-il lui en faire un reproche, quand on sait, d'ailleurs, tout ce qu'il y a de déplorable dans les agissements de ces zélateurs qui font de la popularité à tout prix, qui posent en défenseurs de telle cause patriotique ou religieuse, afin de conquérir je ne sais quelle célébrité, peut-être hélas, afin de faire fortune ?? Ah ! je comprends certaine lassitude, j'allais dire certains découragements des hommes d'honneur, en face de tant d'intrigues, d'une part, de tant de déceptions de l'autre !... Et pourtant, Messieurs, si compréhensibles que soient ces affaissements, loin de vous d'en être les victimes !..

Viriliter agite et confortamini (I *Cor.*, XVI, 13.), *pro aris et focis!* Courage, confiance! de l'action! Défendez l'autel et la patrie!

Du moins, jamais l'intrigue n'eut entrée au château de la Menantière; ni M. Joseph, ni aucun d'Armaillé ne connut cet art qui n'est ni bon, ni droit, ni glorieux, et qui, après tout, finit ordinairement par ensevelir dans l'oubli ou dans la honte les plus habiles... Seulement, vous l'attesterez tous avec moi, Mes Frères, et vous surtout, Messieurs ses honorables collègues, dès qu'une charge officielle lui fut conférée par l'estime de vos suffrages, soit au Conseil de la commune, soit au Conseil du département, la pensée, l'unique pensée de ce cher Conseiller, fut d'être fidèle à votre mandat et de se dévouer sans réserve au bien des autres. Ne savez-vous pas aussi bien que moi avec quel zèle, même pendant les longs mois de son martyre, il s'occupa des intérêts de son canton, voulut soulager les infortunes secrètes? Et je viens d'apprendre que, huit jours avant sa mort, il s'employait avec une affection vraiment paternelle à faire rendre à une pauvre famille un fils retenu sous les armes!.. *Suavis, amans bonum, benefaciens, humanus, benignus.*

III.

Qu'ai-je besoin de faire remarquer que cette bonté, cette suavité, cette délicatesse de cœur en M. Joseph eut sa plus belle comme sa plus légitime expansion au sein de sa famille ?

La Menantière a toujours été l'école du respect et de la charité ; elle a toujours offert le spectacle d'une famille parfaitement unie... Je la connais depuis trente-cinq ans ! Je la connais surtout depuis quinze ans... Toujours j'y ai admiré, et vous l'avez fait comme moi, Messieurs, ces égards, cette dignité affectueuse de procédés qui font le parfait gentilhomme français, disons mieux, qui font le parfait chrétien. Mais n'avez-vous pas surtout admiré les attentions, le culte de M. Joseph pour sa vénérable et si regrettée mère, feue Mme la comtesse d'Armaillé ? N'avez-vous pas été émus en voyant avec quelle sollicitude filiale il consolait les derniers jours de cette noble femme épuisée par la souffrance ; avec quelle piété il lui suggérait les prières que l'Église veut inspirer à ses enfants moribonds, et avec quelle délicatesse de conscience il facilitait les entretiens prolongés que la sainte malade voulait avoir jusqu'à la fin avec son directeur spirituel ?

Pourrais-je oublier la tendresse et le dévouement respectueux de ce cher fils envers son vénéré père, patriarche des anciens jours, survivant à tant de victimes, et à quatre-vingt-neuf ans, menant encore le deuil de *son bon Joseph*, ce cher fils unique, sa joie et ses espérances ? O noble et saint vieillard, ne vous désespérez pas... Votre Joseph vous laisse des petits-fils, comme le juste Joseph laissa à Jacob deux jeunes enfants, Manassé et Éphraïm... Bénissez-les ces chers petits-fils, bénissez leur pieuse sœur ! Ne dites pas avec Jacob : *En ego morior !* Je n'ai plus qu'à mourir ! mais dites : « Que le Dieu en présence duquel tous nos pères ont marché, que ce Dieu qui m'a nourri depuis mon enfance jusqu'à l'heure présente, vous bénisse, chers enfants ! Que mon nom et les noms de mes ancêtres vous portent bonheur ! Et que votre race se multiplie sur la terre ! » *Deus in cujus conspectu ambulaverunt patres mei Abraham et Isaac, Deus qui posuit me ab adolescentia mea usque in præsentem diem.. benedicat pueris istis, et invocetur super eos nomen meum, nomina quoque patrum meorum Abraham et Isaac, et crescant in multitudinem super terram.* (*Gen.*, XLVIII.)

Dirai-je les tendresses de l'époux et du père, l'affection si cordiale du frère ? Non, non... permettez-moi, Mes Frères, de respecter de trop légitimes douleurs, et de ne pas raviver des plaies saignantes encore... Épouse, enfants, sœurs inconsolables, que le divin Sauveur qui pleura avec Marthe et Marie sur la tombe de Lazare, leur frère et son ami, que ce Jésus compatissant vous soutienne et vous console, et qu'il vous accorde la grâce d'accomplir envers ces chers petits orphelins et leur vénérable aïeul la grande et difficile mission que la mort vous confie !

IV.

En voyant une existence si précieuse s'épanouir au sein de la famille où la plus douce autorité exerçait une salutaire influence, au sein d'une population qui sait encore, grâce au ciel, respecter les nobles traditions et suivre les exemples de maîtres vraiment chrétiens, on se demande, Mes Frères, comment le Seigneur vient tout à coup briser cette vie, et plonger dans le deuil parents et amis, et toute notre religieuse contrée ?

L'Esprit-Saint, Mes Frères, se charge de répondre à cette demande, qui paraîtrait une juste plainte, s'il ne fallait toujours soumettre nos faibles lumières aux décrets de la divine Sagesse : *Benedictio Dei in mercedem justi festinat, et in hora veloci processus illius fructificat.* (*Eccli.*, XI, 24.) Dieu se hâte de bénir et de récompenser l'homme de bien, et en quelques heures il fait porter à ses vertus des fruits abondants. Pour le chrétien, Mes Frères, pour quiconque vit de la vie de foi, le secret de ces coups de la Providence est dans cette délicieuse parole : Dieu récompense souvent, même quand il semble cruel envers notre pauvre nature : *in mercedem festinat*... Avouons-le, d'ailleurs, la main du Seigneur en frappant M. Joseph et en lui toute sa famille, prépara par ce long martyre de huit mois les uns et les autres, à la fatale catastrophe, dénouement ou plutôt complément du plus pénible des sacrifices, je veux dire à la séparation!.. La douleur la plus poignante pour le cœur du cher malade était, en effet, la perspective d'être enlevé aux siens, d'être arraché surtout à ces chers enfants, à ces belles petites âmes qui semblaient rayonner de bonheur en s'épanouissant près de leur père, devenu leur instituteur, et Dieu sait avec quel dévouement!.. Eh bien! Mes Frères, le Seigneur, dans sa sagesse infinie, ménagea le sacrifice en le faisant entrevoir de bonne heure. Frappé subitement, en novembre 1871, de ce mal inconnu, cette paralysie? qui désormais le tiendra cloué sur la croix, M. Joseph, dès la première crise se tint comme averti. Un vague pressentiment qu'il ne guérirait pas, qu'il serait le premier de la famille à aller revoir Mme la comtesse d'Armaillé, sa défunte et bien-aimée mère, vint comme l'habituer à la pensée déchirante de la terrible séparation... « *Dans les* « *familles il faut une victime*, disait-il quelquefois; « *si Dieu m'appelle, je serai peut-être plus utile à mes* « *enfants que si je restais au milieu d'eux; mais qu'il* « *m'en coûte de les quitter! Mon Dieu, je vous les* « *donne!* » Lutte admirable entre la nature et la grâce; lutte sans cesse renaissante dans ce cœur paternel si tendre et si dévoué! mais toujours soumission et acquiescement aux décrets du Ciel! *Dieu soit béni!* disait ce cher malade au milieu de ses souffrances physiques et morales; *Dieu soit béni, puisque c'est sa volonté!* Jamais, du reste, de murmure réfléchi, jamais de cris impatients!.. mais quelquefois de ces soupirs arrachés par la douleur, et corrigés presqu'aussitôt par un acte de filiale soumission... *Malade admirable*, ont dit les religieuses dévouées à son service pendant ces huit longs mois de torture, *nous ne l'avons jamais entendu proférer une parole de plainte!*

Les Sacrements reçus à peu près tous les quinze jours, la visite très-fréquente d'un prêtre ami et confident intime des secrets de son âme, fortifiaient notre cher malade et le préparaient doucement à la redoutable nouvelle, prélude du *Proficiscere, anima christiana...* Les souffrances devenaient de plus en plus intolérables, l'heure de la grande séparation approchait!.. Fidèle au désir de M. Joseph, en même temps qu'à son devoir, le prêtre vint donc dire à son bien-aimé pénitent : *Dispone domui tuæ.* (*Isai,* XXXVIII, 1.) Il en est temps, il faut faire les derniers préparatifs, le moment approche où votre âme va quitter ce corps de mort et s'envoler au séjour de l'éternelle vie : Faites vos sacrifices, mon bon M. Joseph ! — *Ah ! merci, mon cher curé*, répond notre pieux malade, avec ce ton inimitable que nous connaissons tous, *merci, mon cher Curé !* Et il reçoit les derniers Sacrements avec la foi la plus vive et l'humilité la plus touchante. Le calme, l'acquiescement de plus en plus parfait au bon plaisir de Dieu, dignes fruits des Sacrements reçus, règnent désormais dans son cœur ; il peut, sans doute, répéter avec le Roi-Prophète : *Circumdederunt me dolores mortis,... tribulationem et dolorem inveni*... Les douleurs de la mort m'environnent !... je ne trouve que souffrance et tribulation !... mais il ajoute avec confiance : O mon Dieu, j'invoque votre nom ; Seigneur, délivrez mon âme ! *nomen Domini invocavi ;... ô Domine, libera animam meam !* Courage, courage, mon âme, tu vas entrer dans l'éternel repos ! *Convertere, anima mea, in requiem tuam.* (*Ps. passim.*) Plus de larmes, plus de séparation, plus de danger d'offenser mon Dieu ! *Placebo Domino in regione vivorum !*.. O vous, amis privilégiés, qui l'avez vu dans les derniers jours de sa longue agonie, dites-nous et les tortures de ce cher moribond, et sa résignation parfaite, et l'expression de ses derniers regards, et ses bonnes paroles à tous, à son vénérable père, à son épouse, à ses sœurs, à ses jeunes enfants, à ses fidèles serviteurs ! Dites-nous son sourire, dites-nous ce *merci* qu'il répétait sans cesse à quiconque lui avait rendu le plus petit service ! Prêtre de Jésus-Christ, qui l'avez assisté à ses dernières heures, dites-nous comment, avant d'expirer, souriant encore à votre charité sacerdotale, il vous récompensa de tous vos soins pour sa belle âme, par cette ravissante parole ! « *Mon cher curé, j'ai fait tous mes sacrifices !* Merci !.. » *O Domine, libera animam meam !..*

V.

Il y a huit ans, Mes Frères, j'ai cru devoir résumer dans une parole que j'appelle sublime et héroïque l'éloge improvisé de Mme la comtesse d'Armaillé : Cette parole, à mes yeux, vaut tout un panégyrique... Mme la comtesse était mourante, et selon son désir très-hautement manifesté, M. Letourneux, son directeur spirituel, ne la quittait pas. Dans le même appartement, près de M. le curé, se tenaient les enfants éplorés de la noble dame... Tout à coup celle-ci se retourne vers la muraille avec une sorte d'anxiété peinte dans ses traits : « *Madame, auriez-* « *vous quelque peine,* lui demande aussitôt le prêtre « étonné de ce mouvement ; — *Ah! mon père,* répond la pieuse mourante, « *je me détourne pour ne* « *pas être trop émue par les larmes de ces chers en-* « *fants! Les regarder, cela semble me rattacher à la* « *vie et à la terre; et je ne veux pas m'en aller vers le* « *bon Dieu, en cédant quelque chose à la nature!...* » Femme, épouse, mère héroïque!.. Hé bien! réjouissez-vous au Ciel, en ce moment où tout est sanglot et désolation dans cette habitation dont vous fûtes la gloire! Votre fils est digne dans sa mort de retracer les vertus de sa mère!!.

Vous me demandez comment, Mes Frères! — Comment? Écoutez... M. Joseph lui aussi entendait les sanglots des siens; ses yeux défaillants pouvaient encore distinguer son admirable père, ses sœurs, son épouse et au milieu d'eux ses chers petits enfants!!. Quelle scène! et pourquoi essaierais-je de la dépeindre? Hélas! autour de ce monument funèbre, je la contemple encore, et les larmes et les sanglots me disent assez ce qui se passa à la Ménantière, il y a huit jours!...

M. Joseph, attendri par ce spectacle navrant, et craignant sans doute d'être détourné des pensées éternelles, en face de cette éternité qui allait s'ouvrir devant lui : *Oh!* dit-il de sa voix la plus douce, *oh!.. laissez-moi dormir!* Et on s'efforce de comprimer les sanglots ! le silence se fait autour de ce lit où la victime s'offre au Seigneur... mais voulait-il réellement dormir?.. *Non, non*, Mes Frères, et je suis heureux de vous l'affirmer avec le prêtre confident de ses pensées ! *non, il ne cherchait pas à dormir ! mais ce cher, ce bien-aimé Joseph fermant à demi les yeux les fixait sur son crucifix placé sur ses genoux !..* Lui aussi voulait comme sa mère, après avoir tout sacrifié, remettre son cœur tout entier dans le cœur de son Dieu !

... Dites-moi, Mes Frères, si l'heure n'était pas venue, à la suite d'une agonie de neuf jours, agonie terrible qui, par des étouffements presque continus, semblait à chaque instant amener la redoutable séparation et qui, d'ailleurs, laissait à ce cher patient sa connaissance, son calme et son inimitable sourire, dites-moi si l'heure n'était pas venue où, sans attendre d'autres épreuves, la vertu devait porter ses fruits et recevoir ses récompenses : *Benedictio Dei in mercedem justi festinat, et in hora veloci processus illius fructificat ?...*

... *Et audivi vocem de cœlo dicentem mihi, scribe : Beati mortui, qui in Domino moriuntur !..* Et j'entendis une voix du Ciel me disant : Écris : Heureux les morts, ceux qui meurent dans le Seigneur ! *Amodo jam dicit spiritus, ut requiescant a laboribus suis ; opera enim illorum sequuntur illos !*

(*Apoc.*, XIV, 13.) Voici, dit l'Esprit-Saint, qu'ils se reposent à l'instant même de leurs travaux et de leurs peines ; car leurs œuvres les suivent...

Et notre cher malade a rendu le dernier soupir ! Et après tant de souffrances si bien endurées, après une vie si bonne, il me semble que ravi aussitôt dans les tabernacles éternels, il a entendu le Seigneur le féliciter et lui dire : « Bon et fidèle serviteur, entre en partage de mes divines joies : *Euge, serve bone et fidelis !... intra in gaudium Domini tui!* (*Matth.*, XXV.) et qu'il s'est écrié lui-même : O mon Dieu, je suis avec vous, et je vous plairai éternellement au séjour des élus ! *Placebo Domino in regione vivorum !*

VI.

Pour moi, M. Joseph est au Ciel, et je bénis Dieu de m'avoir donné la consolation de l'assister ! Douce et mémorable parole, Mes Frères ! parole du témoin sans doute le mieux informé, puisqu'elle est celle du prêtre qui, pendant huit mois, a prodigué les soins de son ministère à ce cher défunt...

Pour moi, M. Joseph est au Ciel ! Ah ! consolons-nous donc tous, Mes Frères, en méditant cette belle parole ! Gardez-la comme le plus bel éloge de celui que vous avez perdu, père, épouse, sœurs, enfants, parents inconsolables! Qu'elle vous console, ô noble famille des d'Armaillé, qu'elle adoucisse l'amertume de votre douleur, et qu'elle soit pour vous et pour nous tous un lumineux enseignement! Qu'elle nous rappelle que pour aller au Ciel il faut vivre saintement sur la terre, et qu'elle nous dise que la vraie et glorieuse noblesse est celle qui fait de nous des saints!..

Et vous surtout, chers petits enfants, vous qui, apprenant la mort de votre si bon père, vous êtes aussitôt précipités à genoux, et par la voix du plus jeune avez poussé ce cri touchant de la piété filiale : *O mon Dieu, prenez l'âme de mon père dans votre saint paradis, et prenez-moi avec lui!* Chers enfants, soyez dignes de vos ancêtres, marchez de bonne heure sur leurs glorieuses traces, et que votre bonté, que votre charité fasse revivre votre bien-aimé père! Une vieille amitié datant de trente-six ans, et une des clauses du testament paternel qui confie votre éducation à la Compagnie de Jésus, m'autorisent à vous dire, au nom de votre père, ces paroles que votre pieuse mère ne désavouera pas : *Audi, fili mi, disciplinam patris tui, et ne dimittas legem matris tuæ : misericordia et veritas te non deserant... et invenies gratiam coram Deo et hominibus...* (*Prov.*, I, 8, III, 3). Écoutez, mes enfants, les enseignements de votre père, et n'abandonnez pas les leçons de votre mère : soyez toujours charitables et amis de la vérité : alors vous trouverez grâce devant Dieu et devant les hommes ; et un jour vous reverrez votre père dans le Paradis, et avec lui vous y posséderez les joies éternelles de l'éternelle vie ! *Placebo Domino in regione vivorum.*

Entendez la même voix amie, vous, Messieurs, dont la présence, à elle seule, prouve hautement l'estime dont M. le vicomte d'Armaillé est si digne, vous, Messieurs, qui représentez le pouvoir, à la tête du département et de l'arrondissement[1]; vous, zélé représentant de notre contrée [2] à l'Assemblée législative; vous, les collègues de M. Joseph au Conseil général de Maine-et-Loire; vous tous, nobles seigneurs du pays, qui portez si chrétiennement votre titre de gentilshommes français, entendez notre cher défunt qui nous dit comme l'ange de l'Apocalypse : *Beati mortui qui in Domino moriuntur ! Opera enim illorum sequuntur illos !*

Et nous tous, prêtres de Jésus-Christ, pour la plupart honorés de l'amitié de celui qui nous a quittés pour entrer dans cette terre des vivants, où notre vocation nous fait un devoir de conduire

[1] M. le Préfet d'Angers, et M. le Sous-Préfet de Cholet.
[2] M. le comte Durfort de Civrac, député de l'arrondissement de Cholet.

les âmes, oui, nous aussi entendons l'avertissement descendu des Cieux : *Beati mortui... opera enim illorum sequuntur illos!* Allons au Ciel, conduisons les âmes au Ciel ! et faisons des œuvres de sainteté et de salut !

Et vous, fidèles serviteurs, bons et loyaux fermiers de la Menantière, et vous, habitants de Saint-Pierre, vous tous enfin qui m'entendez, ah ! n'oubliez jamais les enseignements que nous donne la mort des justes... *Opera enim sequuntur illos!* Ce sont leurs œuvres qui leur ouvrent les portes du Ciel !... Des œuvres donc, des œuvres, Chrétiens, Mes Frères ! amour de Dieu, amour de la Patrie, amour de la famille : *Deum timete, regem honorificate, fraternitatem diligite* (I. *Petr.*, II, 17.), et nous pourrons compter sur les bénédictions de Dieu dans le temps, et sur ses récompenses à notre dernière heure : *Timenti Dominum bene erit, et in diebus consummationis illius benedicetur!* (*Eccli.*, I, 19.)

Mais, ô mon Dieu, ô vous qui jugez les justices mêmes et dont le regard a pu trouver des taches dans les anges, ne retiendriez-vous pas encore au seuil de la patrie, au séjour des expiations celui que mon cœur et ma voix essaient de louer et d'offrir comme type de l'homme de bien et comme modèle à ces pieux chrétiens qui m'entendent? Et, vous, ami, cher Joseph, qui vouliez bien m'appeler du nom de Père, ne me trouveriez-vous pas cruel, si faisant votre éloge, j'oubliais que vous pouvez avoir besoin de pardon et de miséricorde avant de paraître au Ciel et d'y jouir de l'éternelle béatitude ?...

Unissons donc, Mes Frères, nos ardentes prières aux mérites de l'adorable Victime dont le sang divin crie toujours miséricorde ! que la voix de ces cloches [1] nouvelles puisse bientôt célébrer le triomphe, après avoir pleuré la mort de ce généreux bienfaiteur de la paroisse !

Que saint Joseph, son bienheureux patron, que l'auguste Marie, qu'il aimait si tendrement, intercèdent près de Jésus pour ce bon et fidèle serviteur ! Et tous ensemble, après nous être prosternés devant l'Agneau qui efface les péchés du monde, redisons avec la sainte Église, en entourant ce triste monument qui nous rappelle celui que nous avons perdu : *Requiem æternam dona ei, Domine !* Seigneur Jésus, donnez à votre serviteur le repos éternel ! Et qu'au plus tôt cette âme si chère entrant dans la patrie des vivants, nous réponde par ce chant de triomphe et de consolation : *Placebo Domino in regione vivorum !* Désormais je suis avec Dieu dans la joie et la béatitude de l'éternelle vie !!

Amen ! Ainsi soit-il !

[1] Quatre cloches avaient été baptisées la veille du service, et sonnaient pour la première fois, le 10 juillet.

ALLOCUTION

PRONONCÉE

le 29 mars 1873, dans l'église paroissiale de Saint-Pierre-Montlimart,

AU SERVICE

DE M. LE COMTE JOSEPH D'ARMAILLÉ,

PAR M. VICTOR POUPLARD,

Chanoine honoraire de la cathédrale d'Angers, supérieur du petit séminaire de Beaupreau.

[illegible]
[illegible]
[illegible]
[illegible]

[illegible]

[illegible]
[illegible]
[illegible]
[illegible]
[illegible]
[illegible]
[illegible]
[illegible]
[illegible]
[illegible]

[illegible]
[illegible]
[illegible]

Dilectus Deo et hominibus. In fide et in lenitate ipsius, sanctum fecit illum.

Il a été aimé de Dieu et des hommes et c'est dans la foi et la douceur que Dieu l'a sanctifié, (Eccl., iv.)

MESSIEURS,

Neuf mois, à peine, se sont écoulés depuis le jour de douloureuse mémoire, où réunis dans ce même temple, nous nous trouvions en face d'un de ces coups de la mort qui frappent et bouleversent l'âme jusque dans ses profondeurs. Ce jour-là, nous avions à pleurer sur celui que nous appellions tous le bon monsieur Joseph, à pleurer sur les plus tendres et les plus saintes affections mortellement frappées avec lui, sur les plus belles et les plus riches espérances avec lui renversées !

Cependant, nous pouvions voir encore, debout comme Marie au pied de la croix, mais, comme elle aussi, abîmé dans la douleur, un noble vieillard, vers lequel s'inclinaient et semblaient rechercher un appui trois jeunes enfants, frêles arbrisseaux privés prématurément de leur tuteur.

Hélas! Messieurs, la mort a de nouveau passé; le noble vieillard lui-même, à son tour, a subi la destinée commune, *Statutum est omnibus hominibus semel mori,* et, aujourd'hui, sa froide dépouille repose auprès de la dépouille de son Joseph bien-aimé.

Par ces leçons si différentes et par ces coups répétés, Dieu nous fait assez entendre que personne ne peut se rassurer ni sur sa jeunesse, ni sur sa fortune, ni même sur l'apparente nécessité de son existence et de ses services; que, lui seul, il est le maître de la vie et, seul, l'être nécessaire; par là, enfin, il veut nous rappeler avec quelle vigilante fidélité nous devons remplir tous les devoirs de cette vie, puisque chacun de nous peut, à chaque instant, être cité devant le tribunal de celui qui voit des taches jusque dans les anges.

Aimer Dieu et aimer nos frères, voilà, Messieurs, la grande loi de la vie; pour l'homme tout est là : *hoc est omnis homo.*

Le vénérable défunt, dont nous déplorons la perte, avait bien compris cette vérité et c'est parce qu'il l'a bien mise en pratique qu'il a mérité lui-même d'être aimé de Dieu et des hommes : *Dilectus Deo et hominibus.* — Si nous voulons être aimés, aimons, Messieurs, aimons les premiers, comme Jésus nous en a donné l'exemple : *prior dilexit me.*

Mais la charité elle-même suppose la foi. Ces deux vertus ne peuvent exister l'une sans l'autre, et la charité naît tout aussi nécessairement de la foi que le fruit sort nécessairement de la fleur.

Aussi ce sera par la foi la plus vive unie à la plus tendre charité que nous verrons M. le comte d'Armaillé atteindre un degré éminent de perfection chrétienne : *in fide et in lenitate ipsius sanctum fecit illum.*

Puisse cet éloge funèbre, qui n'a d'autre prétention que celle de se faire l'interprète et l'écho fidèle de vos sentiments, apporter quelque consolation à la noble famille du grand chrétien qui en fait l'objet ; puisse-t-il aussi procurer quelque gloire à Dieu, en faisant grandir dans nos cœurs le désir et la volonté de suivre, avec persévérance, le chemin de la vertu !

I.

Au ciel seulement, Messieurs, nous pourrons connaître l'amour infini de Dieu pour ces âmes, *Deus qui amas animas*, comprendre et admirer tous les moyens que sa providence paternelle a mis en jeu pour perfectionner et sauver les âmes ; mais ce que nous pouvons savoir, dès ici-bas, avec la certitude la plus absolue, la certitude de la foi, c'est que tous les événements de ce monde tendent et concourent dans les desseins de Dieu, au salut des élus.

Voilà pourquoi, lorsque la courte vue de l'homme n'aperçoit que des malheurs dignes de larmes, l'œil du chrétien illuminé par la foi voit, lui, dans ces malheurs, le creuset douloureux mais bienfaisant où Dieu prépare, travaille et façonne les justes, pour qu'ils soient dignes de briller, un jour, au ciel, comme des étoiles, pendant les perpétuelles éternités. *Fulgebunt justi, sicut stellæ, in perpetuas æternitates.*

A la lumière de ces grands principes, nous pourrons déjà juger, Messieurs, par les débuts de M. d'Armaillé dans la vie, quels étaient les desseins de Dieu sur lui.

M. le comte Joseph d'Armaillé naquit à Angers, dans le cours de l'année 1783. Il atteignait donc à peine la huitième année de son âge quand éclata sur la France la grande tourmente révolutionnaire.

Pour le dérober aux dangers qui menaçaient alors tous ceux dont le nom seul paraissait un crime digne de mort, ses parents le placèrent chez les frères de la Doctrine chrétienne d'Angers, à la Rossignollerie, actuellement le Lycée.

On s'imagine aisément ce que pouvait être la tenue des écoles à cette époque troublée. L'enfance en effet, vous le savez, Messieurs, subit tout autant et quelquefois plus encore que l'âge mûr, l'entraînement des idées et des passions politiques et l'école, comme le collége, n'est que la miniature de la société.

Le jeune Joseph trouva, parmi ses camarades de la Rossignollerie, de petits persécuteurs et de petits bourreaux qui ne lui épargnèrent aucune des tortures que cet âge sans pitié sait inventer et mettre à exécution, quand il lui est permis de donner libre cours à ses mauvais instincts. C'est que, presque seul contre tous, le noble enfant osait déjà, comme depuis il le sut faire toujours, affirmer sa foi politique et religieuse : c'est qu'il ne craignait pas de manifester, par ses paroles et par ses actes, son horreur profonde pour la révolution et pour ses abominables attentats.

Il passa à cette rude école les années les plus terribles de la crise révolutionnaire, et il put dire avec le Prophète : *Salutem ex inimicis nostris et de manu omnium qui oderunt nos ;* J'ai trouvé un refuge au milieu de mes ennemis et le salut m'est venu de ceux qui ont haï tous les miens.

Pendant ce temps-là, en effet, M. le comte d'Armaillé, son père, mortellement frappé à la bataille de Savenay, tombait martyr de son Dieu et de son roi ; sa mère et trois de ses sœurs mouraient à Nantes, précipitées dans les flots de la Loire par des monstres qui n'avaient de l'homme que le nom.

Et ici, Messieurs, en regard de ce mépris révoltant et satanique pour la vie de l'homme que montraient alors et que montreront toujours, — ils l'ont trop prouvé naguère, les partisans de la révolution, admirons comme la religion sait inspirer le respect de cette vie et le porter même jusqu'à l'héroïsme dans un cœur chrétien.

Mme d'Armaillé, pendant la terreur, avait trouvé, à Nantes, un sûr asile dans une famille dévouée. Un jour, dans la rue qu'elle habitait, se fit entendre un roulement de tambour suivi d'une proclamation. Inquiète, elle écoute : l'autorité révolutionnaire faisait savoir aux citoyens que tous ceux qui seraient pris à donner asile aux Vendéens seraient aussitôt fusillés. La noble femme a tout entendu ; elle tremble, non plus pour sa vie, mais pour celle de ses hôtes ; et, sans hésiter un instant, car son devoir lui paraît trop bien tracé, elle quitte son refuge et va se livrer au tribunal révolutionnaire. Quelques jours après, les flots de la Loire emportaient le corps inanimé de cette femme héroïque ; son âme avait pu se présenter, avec confiance, devant son Dieu, car elle était couronnée de l'auréole d'un double martyre, du martyre de la Foi et du martyre de la Charité.

Quand furent terminés ces jours de sanglante et néfaste mémoire, le jeune Joseph, resté orphelin, fut recueilli par une de ses tantes, Mme la marquise d'Haudeville, qui l'éleva avec toute la tendresse et tous les soins d'une véritable mère.

La ferme et chrétienne direction que sut lui donner cette femme distinguée, le souvenir toujours présent des exemples et des malheurs de ses parents, les épreuves qu'il avait subies lui-même dès sa plus tendre enfance, tout contribua à fixer dans M. Joseph d'Armaillé, devenu jeune homme, des goûts graves et sérieux et à l'engager, pour toujours, dans la voie de l'honneur, du devoir et de toutes les vertus chrétiennes. Aussi, dans une ville de plaisir comme le Mans, et bien qu'il fût réduit à une inaction forcée, garda-t-il sa fortune intacte et sa vie immaculée, tandis que, tout autour de lui, la jeunesse ruinait honneur et fortune dans le jeu et la débauche : *in fide sanctum fecit illum.*

Mme la marquise d'Haudeville, voulant donner à son neveu un dernier gage de son amour maternel, demanda et obtint pour lui la main de Mlle de Robethon. Cette alliance fut contractée en 1805. — Dix ans après, lorsque les Bourbons, aux acclamations enthousiastes de la France tout entière, remontèrent sur le trône, M. Joseph d'Armaillé entra dans la première compagnie des mousquetaires de la garde du roi. A la cour, comme à l'armée, il trouva le moyen d'allier les vertus du soldat aux vertus du chrétien, la fidélité à son roi avec la fidélité à son Dieu ; aussi, quand il abandonna la carrière militaire, emporta-t-il les certificats les plus honorables de bravoure et de bons services.

Il avait quarante ans, lorsqu'il rentra dans la vie privée et vint se fixer définitivement à la Menantière.

II.

N'allez pas croire, Messieurs, que la vie privée sera pour M. d'Armaillé une vie de plaisir et d'oisiveté, non ; un nouvel ordre de devoirs va simplement s'ouvrir pour lui et, pendant cette seconde période de sa vie, qui durera plus de cinquante ans, il ne s'élèvera pas une voix pour dire qu'il a manqué à quelqu'un de ces grands devoirs que la religion et la société imposent à tout homme venant en ce monde. A lui, moins qu'à personne, pourront s'appliquer ces reproches que l'auteur de la Sagesse adressait aux hommes impies de son temps et qui sembleraient, hélas ! avoir été formulés pour notre triste époque : *Æstimaverunt lusum esse vitam.* Ces hommes se font un jeu de la vie, ils estiment qu'elle leur a été donnée pour le plaisir. Le plaisir, tout est là pour eux, si parfois ils s'agitent et se donnent un peu de peine, leur but unique et le dernier terme de leurs efforts, c'est le lucre et le gain, pour le plaisir. *Æstimaverunt lusum esse vitam, conversationem vitæ compositam ad lucrum.* Voilà pourquoi ils regardent comme un devoir, — remarquez ce mot, Messieurs, *un devoir*, — l'Esprit-Saint, lisant les plus secrètes pensées de leur cœur, ne dit pas : ils regardent comme une chose licite, mais comme *un devoir*, le plus sacré des devoirs sans doute, d'arriver à la possession, d'acquérir et d'acquérir toujours, même par les moyens les moins avouables et les plus criminels ; *Æstimaverunt lusum esse vitam et conversationem vitæ compositam ad lucrum et oportere undecumque etiam ex malo acquirere.*

A ces traits, ne reconnaissez vous pas, Messieurs, notre hideuse plaie sociale, cette fièvre de l'or et de la jouissance qui consume notre malheureux pays et menace de le faire tomber dans une dissolution complète.

Hé bien, non, Messieurs, ce mal de notre siècle n'atteindra pas M. Joseph d'Armaillé, et vous verrez que sa foi l'a garanti de la contagion en lui faisant connaître et employer le préservatif souverain de l'amour de Dieu et de l'amour des hommes porté jusqu'au sacrifice ; *in fide et in lenitate ipsius sanctum fecit illum.*

Je ne parlerai pas, Messieurs, de la bonne grâce et de la politesse exquises avec lesquelles M. d'Armaillé faisait les honneurs de son château et y exerçait les devoirs de l'hospitalité. Bien que la perfection qu'il montrait dans l'accomplissement de ces devoirs, quelquefois si gênants, suppose déjà un grand fonds de charité chrétienne, je la laisse de côté comme trop naturelle chez tout homme intelligent, issu de bonne famille et d'une éducation distinguée.

J'ai surtout à considérer ici le chrétien et je veux vous le montrer aux prises avec des difficultés plus sérieuses.

A peine fixé à la Menantière M. d'Armaillé se vit chargé des intérêts de la commune et en fut nommé maire. Dans ces fonctions délicates et importantes il veilla avec le même soin jaloux, avec la même sollicitude intelligente et dévouée, aux intérêts religieux, moraux et matériels de ses administrés.

Tout d'abord il fit construire cette église, trop dans le goût, il est vrai, des architectes de cette époque, mais qui pourtant, alors, et à juste titre, excitait l'envie de bien des pasteurs.

La gloire de Dieu et le bien des âmes assurés, il songea aux intérêts des intelligences, et, pour qu'elles fussent nourries plus sûrement, dès l'enfance, de l'aliment sain et substantiel qui fait leur vie, je veux dire de la pure vérité morale et religieuse, il dota la commune de deux écoles. L'une pour les filles, fut confiée aux excellentes sœurs de la Providence de Ruillé, l'autre, pour les garçons, aux frères de la Doctrine Chrétienne. Il avait été heureux d'appeler ces bons frères, pour lesquels il avait toujours gardé un souvenir reconnaissant, depuis son séjour à la Rossignollerie; et les habitants de cette paroisse, qui ont eu le bonheur d'être formés par eux, n'ont point encore, eux-mêmes, oublié leur direction si intelligente et si dévouée. Enfin les intérêts matériels ne furent point négligés, tous vinrent, à leur tour, préoccuper M. d'Armaillé. Citons une seule, mais une des plus importantes améliorations que lui doit la commune. C'est lui qui fit ouvrir la grande voie de communication qui relie Beaupréau à Saint-Florent, et, quand on se rappelle ce qu'étaient les anciens chemins, on peut facilement se rendre compte de l'immense service qu'il rendit à toute la contrée.

Ce qui serait moins facileà raconter, Messieurs, ce sont les soucis, les travaux, les démarches et les sacrifices de toutes sortes qu'il s'imposa, sans relâche, pour mener à bonne fin toutes ces œuvres si importantes et si utiles.

Quand se rouvrit, en 1830, l'ère de nos révolutions, M. d'Armaillé donna aussitôt sa démission.

En ce moment, Messieurs, où le cercle de son activité semble se rétrécir davantage, nous allons voir sa foi et sa charité donner à sa vie une impulsion plus vigoureuse, comme on voit, dans la nature, certains éléments montrer d'autant plus de force d'impulsion qu'ils sont plus resserrés et plus comprimés.

Saint Jean Chrysostôme dit, quelque part, que la Charité est le métier ou, si vous le voulez, l'art le plus lucratif : *ars quæstuosissima*. Hé bien, Messieurs, c'est à l'étude et à la pratique de cet art divin que M. le comte d'Armaillé se livra tout entier, et, nous osons le dire, personne ne sut, mieux que lui, le comprendre et l'exploiter.

Ici, je l'avoue, je me trouve embarrassé et, pour être bref, je me vois réduit, à mon grand regret, à choisir parmi les œuvres si multiples et si variées de cet infatigable ouvrier de la charité.

Que ne puis-je vous faire admirer, Messieurs, sa charité envers le prochain, charité telle que la moindre médisance lui faisait horreur et qu'il ne pouvait en supporter aucune en sa présence ! sa charité envers ses domestiques et ses fermiers qu'il regardait comme des membres de sa famille, qu'il aimait et traitait comme ses enfants ! sa charité envers les ouvriers à son service qu'il allait souvent visiter, moins pour les surveiller d'un œil soupçonneux et sévère que pour les encourager et les réconforter par quelques-unes de ces bonnes paroles du cœur qu'il savait prononcer avec un accent de bonté inimitable.

Mais, s'il fut admirable à tous ces points de vue de la charité, il excella dans son amour et sa charité pour les pauvres et c'est sur ce côté de sa vie qui, tout le monde le sait et le proclame, brilla d'un plus vif éclat, que je veux aussi fixer, un peu plus longuement votre attention.

« Dieu, disait-il un jour à des bûcherons faisant du fagot dans son bois, Dieu ne m'a donné de la fortune que pour la partager avec les pauvres, les membres souffrants de son divin fils Jésus; n'oubliez donc pas, mes amis, de faire leur part et faites-la bonne. »

Tout le secret de ses inépuisables aumônes est là. Il avait compris, Messieurs, que le riche est la providence visible et comme l'économe du pauvre, et, des yeux de la foi, sous les haillons de ce pauvre, il savait, comme les Saints, reconnaître Jésus-Christ en personne, car il avait lu et médité ces paroles du Sauveur : *quamdiu enim fecistis uni ex his fratribus meis minimis, mihi fecistis.* Aussi joignait-il à une grande tendresse un véritable respect pour les pauvres, et tout pauvre, quel qu'il fût, était sûr d'être bien accueilli à la Menantière et de ne jamais s'en retourner les mains vides. Mendiants étrangers et mendiants vagabonds avaient, comme les autres, leur large part de ses aumônes.

Il arriva, sans doute, que quelques-uns en abusèrent, car des amis respectables conseillèrent au bon M. d'Armaillé de donner seulement moitié de la somme, relativement considérable, que recevaient comme les autres, tous les inconnus qui se présentaient au château.

M. d'Armaillé crut devoir se rendre à ce conseil et le suivit pendant quelques jours, mais les inquiétudes de sa conscience devinrent telles qu'il se hâta de reprendre ses premières habitudes, pour ne les plus quitter jamais.

Il n'avait peut-être pas lu, mais assurément, Messieurs, il avait deviné, avec l'instinct merveilleux de sa foi, cette règle que nous donne saint Augustin : *omni petenti da, etsi peccator est qui te petit*, faites l'aumône à tous ceux qui vous la demandent, fussent-ils même des pécheurs.

Ecoutons la raison que nous en donne ce grand Docteur, elle arrache le bandeau de nos illusions et fait tomber toutes nos mauvaises excuses.

C'est un homme pécheur qui vous demande l'aumône? — Sachez, dit-il, distinguer l'homme du pécheur. — L'homme est l'œuvre de Dieu, le pécheur est l'œuvre de l'homme. *Homo opus est Dei, peccator opus hominis est.* Donnez à l'œuvre de Dieu et non pas à l'œuvre de l'homme. *Da operi Dei et non operi hominis*. Votre aumône ainsi faite sera très-agréable à Dieu et digne de récompense ; elle ne serait mauvaise et condamnable que si vous la donniez au pécheur, en tant que pécheur, et dans le but direct de l'encourager au mal.

Telle était bien, Messieurs, la règle que suivait M. d'Armaillé dans la distribution de ses aumônes ; il donnait à tous les pauvres et il ne leur donnait que parce qu'il voyait en eux, non-seulement les créatures de Dieu, mais les membres souffrants de Jésus-Christ. Personne ne l'ignorait; aussi, les domestiques du château, ayant un jour renvoyé, sans lui donner l'aumône ordinaire, un vagabond qui les avait accablés d'injures, ce vagabond ne craignit pas d'aller se présenter à M. d'Armaillé lui-même pour se plaindre de ce qu'on l'avait renvoyé les mains vides. Malgré les bonnes raisons qu'il reçut d'eux, M. d'Armaillé reprit sévèrement les domestiques d'avoir ainsi chassé de sa maison un représentant de Jésus-Christ sur la terre et, comme pour expier cette insulte, ce noble ami des pauvres donna à ce pauvre non pas l'aumône ordinaire, mais une double aumône.

Une autre fois, on voulut lui dénoncer des misérables qui avaient mis le feu à son bois. « Non, non, s'écria-t-il, taisez-vous ; je veux avant tout sauver mon âme, je veux continuer à faire du bien à tout le monde et que tout le monde puisse s'adresser à moi, sans crainte. »

C'est, vous le voyez, Messieurs, la charité portée ici presque à l'héroïsme.

Il a donc accompli à la lettre cette recommandation de l'Esprit-Saint: *Fili, eleemosynam pauperis ne defraudes et oculos ne transvertas a paupere*, car il n'a pas voulu priver de cette aumône ceux-là même qui cherchaient à lui nuire, et l'on peut affirmer que ses yeux, loin de se détourner des pauvres, étaient plus attentifs à veiller à leurs besoins qu'aux siens propres. Ne savons-nous pas, en effet, qu'il avait deux bourses, l'une pour sa maison et l'autre pour ses pauvres et que, si la première venait à être vide, il économisait sur tout, se privait de tout, même quelquefois de vêtements, plutôt que d'entamer la bourse de ses pauvres. *Fili, eleemosyuam pauperis ne defraudes*, il aurait cru dérober leur bien.

Avec un amour si intelligent et si chrétiennement dévoué pour les pauvres, M. d'Armaillé aurait-il pu, Messieurs, oublier la classe de pauvres la plus intéressante, celle de ces petits enfants que Jésus-Christ appelle à prendre place dans la milice sacerdotale et qu'il tire aujourd'hui, comme il l'a fait presque toujours, non de la classe des riches et des puissants, *inter nos non multi potentes, non multi nobiles*, mais du milieu de ces pauvres qui ont droit, eux surtout, aux enseignements et aux consolations du ministère évangélique, *pauperes evangelizantur.*

Non, Messieurs, cet oubli n'était pas possible et c'est avec l'émotion de la plus vive reconnaissance que je me rappelle, en ce moment, la généreuse et cordiale sympathie de M. d'Armaillé pour le petit séminaire de Beaupréau et les sacrifices qu'il sut constamment s'imposer pour subvenir à l'éducation de quelques élèves ecclésiastiques.

Et comme il aimait ces élèves qu'il appelait ses petits enfants! Comme il s'intéressait à leurs études et à tous leurs besoins! comme dans cet affectueux intérêt, se révélait le chrétien qui aime les âmes avant tout et qui cherche avant tout le royaume de Dieu!

A l'une des dernières ordinations, l'un de ses protégés fut élevé à la sublime dignité du sacerdoce : « Oh! s'écria M. d'Armaillé, je n'aurais eu que ce bonheur et cette bonne fortune d'avoir contribué à donner ce prêtre à l'Eglise, je mourrais content. »

Ces traits suffisent, Messieurs, pour faire connaître le grand cœur de M. d'Armaillé et la rare perfection de ses vertus chrétiennes.

III.

Il avançait ainsi dans son pèlerinage de la vie, signalant, comme son divin modèle, chacun de ses pas par quelque bienfait : *pertransiit benefaciendo.*

Les épreuves ne lui manquèrent pas cependant, et elles ne devaient pas lui manquer, puisqu'elles sont la condition rigoureuse du salut et la marque la plus certaine de la prédestination : *quia acceptus eras Deo necesse fuit ut tentatio probaret te.* Mais dans les plus douloureuses épreuves, jamais ni sa foi ni sa charité n'eurent un moment de défaillance. Loin de ressembler à ces âmes vulgaires que le malheur et le chagrin irritent, resserrent, rendent égoïstes et misanthropes, lui, à chaque nouveau coup, à chaque nouvelle douleur qui venait briser son cœur, il n'était brisé que comme se brise un vase de parfums précieux, pour laisser échapper plus largement ses trésors.

Ainsi, pendant la longue et douloureuse maladie de Mme d'Armaillé pour laquelle il montra toujours une tendresse, une attention et un dévouement admirables ; ainsi, lorsque la mort vint, successivement et à des intervalles très-rapprochés, lui ravir son gendre bien-aimé M. le marquis de Turpin en 1856, son petit-fils Anatole de

Turpin en 1862, et enfin, Mme d'Armaillé en 1864, on remarqua que, dans le moment de ces grandes douleurs, il donnait aux pauvres à pleines mains.

Soulager ceux qui souffrent, tel est bien, en effet, Messieurs, le meilleur remède et le plus sûr soulagement à sa propre souffrance, car il est écrit : *qui seminat in benedictionibus, de benedictionibus et metet.*

Arrivé à la plus extrême vieillesse, M. d'Armaillé nous apparaissait donc avec la majesté de l'âge et des vertus et, à ce double titre, il commandait à tous le respect et la vénération, *senectus venerabilis est, non quia diuturna, sed quia moribus comprobata et virtutibus plena.*

Nous espérions, Messieurs, que la vie de ce vénérable vieillard se prolongerait longtemps encore, pour notre édification et pour le bien de ce pays, et nous pouvions d'autant mieux l'espérer que nous voyions cette vie précieuse se renouveler, pour ainsi dire, en celle de son fils Joseph.

En lui, même foi chrétienne, même amour pour l'Église, même dévouement pour son pays et même charité pour les pauvres. Il était, lui aussi, aimé de Dieu et des hommes, il grandissait tous les jours, dans l'estime et la confiance publiques, parce que, tous les jours, se manifestaient plus clairement en lui, les hautes qualités de l'homme de foi et de l'homme de cœur.

Le bon vieillard voyait tout cela et cette vue l'inondait de consolation; son cœur jouissait donc de cette joie et de cette paix qui constituent la bonne santé du cœur, et nous pouvions espérer, je le répète, que cette santé du cœur aurait une salutaire influence sur la santé du corps, puisque l'Esprit-Saint nous l'a dit : *Vita carnium sanitas cordis.*

Hélas ! Messieurs, ce cœur devait trop tôt recevoir une blessure mortelle ! la main de Dieu se leva une fois encore et, cette fois, frappa son coup le plus terrible. Je ne vous peindrai pas les angoisses du vénérable vieillard, pendant le cours de la maladie de son Joseph bien-aimé, ni ses larmes ni son immense douleur, lorsque la fatale nouvelle « plus d'espoir qu'en Dieu, » dut enfin retentir à ses oreilles, mais ce que je ne puis, ce que je ne dois pas, ici, passer sous silence, c'est cette prière sublime d'un père s'offrant en immolation pour le salut de son fils :

« O mon Dieu, s'écriait-il prosterné à la porte de la chambre de son fils mourant, ô mon Dieu, je vous en conjure, prenez ma vie désormais inutile et gardez celle de mon Joseph qui peut encore rendre tant de services à la religion et au pays ! »

Sa prière ne fut pas exaucée. Qu'ai-je dit, Messieurs, sa prière ne fut pas exaucée? J'ai parlé là, le langage humain ; ah ! cette prière si chrétienne et si héroïque méritait d'être exaucée et, soyez en sûrs, Messieurs, elle fut exaucée. Le comment nous échappe à cette heure, mais nous le comprendrons un jour et nous bénirons ce grand Dieu, qui ne se laisse jamais vaincre en générosité, et qui, lorsqu'on lui demande des heures ou des années seulement, donne, lui, et assure l'éternité.

M. d'Armaillé trouva dans sa foi assez de force pour accepter ce dernier sacrifice et s'y résigner chrétiennement, mais le coup fut trop rude pour la nature et, désormais inconsolable comme le patriarche Jacob à la nouvelle de la mort de son fils Joseph, le bon vieillard répétera comme lui : *descendam in infernum ad filium meum lugens,* je pleurerai jusqu'à ce que je descende dans la tombe et que j'aille me réunir à mon fils Joseph.

La séparation, Messieurs, ne devait pas être longue : M. d'Armaillé s'affaiblit de jour en jour et bientôt se déclara la maladie qui vint briser cette existence presque séculaire.

Mais, avant de rendre son âme à Dieu, il eut la consolation de pouvoir embrasser une dernière fois ses petits-enfants, de donner une dernière bénédiction aux enfants de son Joseph.

Ces petits-enfants au pied du lit du saint vieillard ! Le saint vieillard levant ses mains défaillantes sur la tête de ces petits-enfants pour les bénir ! Cette scène touchante ne vous rappelle-t-elle pas, Messieurs, une scène toute semblable dont la sainte Ecriture nous a gardé la mémoire? Un seul trait manque à la ressemblance.

Joseph, nous dit la sainte Ecriture, présenta lui-même à son père étendu, lui aussi, sur son lit de mort, ses deux enfants à bénir.

Et le patriarche Jacob plaçant ses mains sur la tête des enfants de Joseph prononça cette bénédiction : *Deus in conspectu cujus ambulaverunt patres vestri, angelus qui eruit me de cunctis malis benedicat pueris istis.* » « Que le Dieu en présence de qui leurs pères ont marché et que l'ange qui m'a toujours garanti du mal bénisse ces enfants !

Ah ! nobles enfants, qui m'écoutez, vous n'avez pas entendu cette bénédiction tomber des lèvres de votre vénérable aïeul, mais telle était bien celle qu'il formulait pour vous dans son cœur, et, nous en avons la douce espérance, cette bénédiction sera un jour réalisée. Oui, comme vos pères, vous marcherez dans la présence de Dieu, oui, vous aurez, avec votre pieuse mère qui sera pour vous l'ange visible de la terre, vous aurez un autre ange invisible qui vous maintiendra toujours, comme il a maintenu vos pères, dans les voies de l'honneur, de la fidélité, de la vertu et de la religion.

Et ainsi, la Menantière sera encore et restera toujours la maison aimée et bénie de tous, mais, surtout elle sera la maison aimée de Dieu, parce qu'elle continuera à être bénie du pauvre.

Gardons, Messieurs, cette espérance; nous en avons besoin en ce moment où tout ne nous parle que tristesse et deuil.

Qu'une autre espérance enfin, vienne consoler ou calmer toute douleur trop humaine, c'est que le vénérable défunt, dont nous venons de contempler rapidement ensemble l'édifiante vie, a déjà mérité, par ses bonnes œuvres, d'être introduit dans le lieu du rafraîchissement, de la lumière et de la paix.

Ah! Messieurs, si la charité, ainsi que nous le disent nos saints livres, couvre la multitude des péchés : *Charitas operit multitudinem peccatorum*, comment la multitude des aumônes, fruit de la charité de notre vénéré défunt, n'aurait-elle pas couvert, devant Dieu, les quelques faiblesses qui, chez lui, ont pu échapper à la fragilité humaine?

Et d'ailleurs, ne savons-nous pas qu'au jour du dernier jugement, Jésus fera entendre, en ces termes, la sentence motivée qui mettra les élus en possession du bonheur éternel : *Venite, benedicti patris mei, possidete paratum vobis regnum, esurivi enim et dedistis mihi manducare, nudus eram et cooperuistis me... Quandiu enim fecistis uni ex his fratribus meis minimis, mihi fecistis*; Venez, les bénis de mon père, posséder le royaume qui vous a été préparé, car j'ai eu faim et vous m'avez donné à manger, j'ai été nu et vous m'avez donné des vêtements, etc.

C'est cette sentence, Messieurs, n'en doutons pas, que l'âme de M. d'Armaillé a eu déjà le bonheur d'entendre, les œuvres de sa vie légitiment cette assurance. Cependant prions encore et puissions-nous, après avoir marché, avec persévérance, dans les sentiers de la Foi et de la Charité, arriver aussi, nous-mêmes, un jour, aux joies de l'éternité bienheureuse!!

Angers, imp. P. Lachèse, Belleuvre et Dolbeau.

www.ingramcontent.com/pod-product-compliance
Ingram Content Group UK Ltd.
Pitfield, Milton Keynes, MK11 3LW, UK
UKHW020332250726
13967UKWH00005B/1996

9 782013 041201